Vente du Vendredi 22 Avril 1870

SALLE N° 3

OBJETS D'ART

TAPISSERIES DE BEAUVAIS

datées de 1460

DEUX TRÈS-BEAUX FLAMBEAUX LOUIS XV

En argent ciselé

STATUETTE EN BOIS

Attribuée à Germain Pilon

COMPOSANT LA COLLECTION D'UN AMATEUR

EXPOSITIONS

PARTICULIÈRE	PUBLIQUE
LE MERCREDI 20 AVRIL 1870	LE JEUDI 21 AVRIL 1870

Me **CHARLES OUDART**, COMMISSAIRE-PRISEUR

26, boulevard des Italiens

M. **ÉMILE BARRE**, EXPERT

25, Chaussée d'Antin

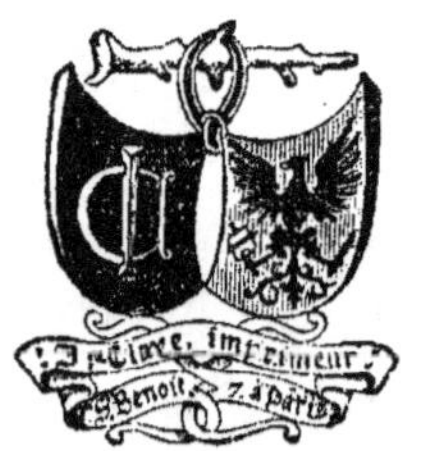

CATALOGUE

DES

OBJETS D'ART

ET DE

CURIOSITÉ

MEUBLE A DEUX CORPS DE LA RENAISSANCE
ENCOIGNURES LOUIS XV
TRÈS-BELLE TABLE INCRUSTÉE DE NACRE ET D'IVOIRE
TABLE EN CERTOSINE

DEUX TRÈS-CURIEUSES TAPISSERIES

Fabriquées à Beauvais et datées de 1460

Faisant partie de la série qui se trouve encore dans la Cathédrale de cette ville

ARGENTERIE ANCIENNE

Dont une paire de FLAMBEAUX LOUIS XV, très-finement ciselée

STATUETTE EN BOIS, attribuée à GERMAIN PILON

Marbres — Bronzes — Terres cuites — Porcelaines & Faïences

DIX TABLEAUX ANCIENS AVEC RICHES BORDURES SCULPTÉES

Composant la Collection d'un Amateur

DONT LA VENTE AURA LIEU

HOTEL DROUOT, SALLE N° 3

LE VENDREDI 22 AVRIL 1870, A 2 HEURES 1/2

PAR LE MINISTÈRE DE M⁰ CHARLES OUDART, COMMISSAIRE PRISEUR

Boulevard des Italiens, 26

ASSISTÉ DE M. ÉMILE BARRE, EXPERT, 20, CHAUSSÉE D'ANTIN

Chez lesquels se délivre le Catalogue

EXPOSITIONS

PARTICULIÈRE, le mercredi 20 avril 1870, de 1 heure 1/2 à 5 heures 1/2
PUBLIQUE, le jeudi 21 avril 1870, de 1 heure 1/2 à 5 heures 1/2

CONDITIONS DE LA VENTE

Elle sera faite au comptant.

Les acquéreurs payeront *cinq pour cent* en sus du prix d'adjudication.

L'Exposition mettant le public à même de se rendre compte de l'état des objets, il ne sera admis aucune réclamation une fois l'adjudication prononcée.

DÉSIGNATION

TAPISSERIES

1. — Deux tapisseries du xve siècle, exécutées pour la
   cathédrale de Beauvais, par les ordres de Guil-
   laume de Hollande, évêque de cette ville en
   1460, représentant des scènes de la vie de saint
   Pierre avec devises françaises.

> Il a été fait de ces tapisseries une série de huit à la fabrique
> de Beauvais ; sur ces huit, six sont encore à la cathédrale et les
> deux autres sont celles que nous présentons au public.
> Cette série de tapisseries est gravée.
> Pièces de haute curiosité.

2. — Deux très-belles tapisseries de la Renaissance,
   représentant des chasses, en parfait état de
   conservation.

MEUBLES

3. — Meuble à deux corps, en chêne, époque Henri II,
   orné de panneaux finement sculptés.

4. — Curieuse table de milieu, à douze côtés, travail de certosine, marqueterie d'ivoire sur bois de noyer; le pied est formé par deux dauphins.

5. — Superbe glace dans un très-riche cadre en bois sculpté & doré, époque Louis XV.

6. — Glace avec cadre Louis XIV, en bois doré & sculpté.

7. — Magnifique table en noyer, incrustée de nacre, d'ivoire & de cuivre.

8. — Deux jolies encoignures, époque Louis XV, en bois de rose & bois de violette, orné de marqueterie & de bronzes dorés, avec dessus de marbre brèche.

9. — Deux gaines en marbre.

MARBRES — BRONZES — PENDULES

TERRES CUITES — PORCELAINES

FAIENCES, ETC.

10. — Très-beau & important groupe en marbre blanc, formé par *deux enfants appuyés sur un balustre & tenant une guirlande de fleurs.*

11. — Charmante statuette en marbre blanc, époque Louis XVI, représentant *une femme couchée,* sur socle en porphyre oriental, orné de bronzes.

12. — Importante garniture de cheminée en ancienne porcelaine de Chine, de belle qualité, composée d'une pièce de milieu formant pendule à cadran tournant, & de deux autres vases montés en lampes.

13. — Très-belle pendule, époque Louis XVI, en bronze doré, très-finement ciselé, & marbre, sujet représentant *la Prière à l'Amour*.

14. — Très-belle pendule Louis XIV, en marqueterie de cuivre & d'écaille. ornée de bronzes.

15. — Petite pendule Louis XVI en bronze, sur socle en marbre bleu turquin.

16. — Deux cassolettes Louis XVI, en bronze doré & porcelaine.

17. — Paire de chenets Louis XV, formés par des aigles, en bronze doré.

18. — Petite pendule Louis XVI, en bronze doré & ciselé.

19. — Statuette équestre représentant le maréchal de Saxe, en bronze ancien, sur socle en marqueterie.

20. — Très-belle statuette de la fin de la Renaissance italienne, représentant une femme debout, appuyée sur un sphinx & tenant une guirlande de fleurs.

21. — Statuette en bronze, époque Louis XVI, représentant la Tragédie.

22. — Charmante statuette de la Renaissance, représentant une baigneuse, bronze italien.

23. — Statuette en bronze, d'après l'antique, représentant *le Tireur d'épines*.

24. — Buste de jeune femme, en bronze.

25. — Deux bustes du xvie siècle représentant des nègres.

26. — Coupe en rouge antique, montée sur pied en bronze repoussé, orné de poires dures.

27. — Terre cuite par *Pinelli*, mère & son enfant.

28. — Deux charmants bustes d'enfants, en terre cuite. signés *de Broc*.

29. — Deux petits vases, brûle-parfums, en marbre vert & bronze, époque Louis XVI.

30. — Vase en vieux céladon craquelé, de Chine, avec monture en bronze, époque Louis XV.

31. — Deux vases à glace, époque Louis XVI, en bronze doré, travail à jour.

32. — Très-jolie fontaine en céladon, décor en relief, ancienne monture en bronze doré.

33. — Très-beau plat à salières, en ancienne faïence de *Bernard Palissy*.

34. — Très-curieuse assiette en ancienne faïence française, formée par des cœurs de laitue.

35. — Très-joli petit modèle de poêle, en faïence allemande du xvie siècle, à ornements de personnages.

36. — Deux cornets en porcelaine du Japon, décor bleu & rouge, travail à jour.

37. — Deux petites jardinières Louis XVI, en porcelaine *à la Reine*.

38. — Cornet en ancienne faïence d'Urbino.

39. — Deux vases en porcelaine de Chine, de la famille verte.

40. — Très-belle écuelle & son plateau, en ancienne porcelaine de Berlin, décor de fleurs & ornements.

41. — Trente-neuf assiettes en vieux sèvres, pâte tendre, ancien décor de bouquets de fleurs.

42. — Vingt-quatre assiettes en vieux sèvres, pâte dure, fond blanc.

43. — Garniture de cinq pièces en faïence de Delft, dorée.

44. — Faïences de Rouen.

ARGENTERIE ANCIENNE

45. — Superbe paire de flambeaux, en argent ciselé en haut-relief, à rinceaux & feuillages, travail français de l'époque Louis XV.

46. — Autre paire de flambeaux en argent repoussé,
travail français de l'époque Louis XVI.

47. — Autre paire de petits flambeaux en argent doré,
style Louis XV.

48. — Superbe coupe formée par une coquille très-finement gravée, monture de la Renaissance, en
argent doré & repoussé.

49. — Vidrecome en argent doré, supporté par un pied
formé par une figurine, travail du xvie siècle.

50. — Très-joli petit vidrecome, en argent doré. repoussé
& gravé, portant la date de 1635, avec inscrip-
tion-statuette sur le couvercle.

51. — Deux jolies petites plaques en argent, de la Renaissance, représentant des sujets mytholo-
giques.

OBJETS DE CURIOSITÉ

52. — Très-remarquable statuette en bois sculpté, représentant *une femme drapée,* travail français
de l'époque Henri II, attribué à *Germain Pilon.*

53. — Statuette en poirier sculpté, représentant un ven-
dangeur avec une hotte en argent doré,
ornée de bas-reliefs finement gravés, époque
Louis XIII.

54. — Petit coffret en écaille piquée d'or & orné de dessins en nacre, représentant des monuments & des figures, époque Louis XIV.

55. — Coupe en cornaline montée en argent doré.

56. — Très-jolie petite plaque de miroir en ivoire sculpté, du xvie siècle, représentant un tournoi.

57. — Très-beau coffret en ivoire sculpté, orné de mascarons; le dessus est orné d'une statuette d'Amour couché.

Pièce d'une très-fine exécution.

58. — Objets divers.

TABLEAUX

COYPEL

59. — Jeune femme à sa fenêtre, les seins nus & tenant des fleurs.

Dans une très-riche bordure en bois sculpté; époque Louis XIV.

BILLECOQ

60. — L'Heureuse Famille.

Ancien cadre en bois sculpté.

HONDIUS (*Signé*)

61. — Chiens & Cigognes.

62. — Le Pendant.

Très-beaux cadres anciens, en bois sculpté.

SOLEMAKER

63. — Berger & Bergère gardant leur troupeau.

Beau cadre ancien, bois sculpté.

JOUVENET (J.)

64. — Les Pèlerins d'Emmaüs.

Cadre ancien, en bois sculpté.

SERVANDONI

65. — Guerriers au repos au milieu de rochers.

66. — Dispute de guerriers.

Très-beaux cadres anciens, en bois sculpté.

ANCIENNE ÉCOLE ITALIENNE

67. — Nymphe endormie, surprise par un satyre.

Cadre bois sculpté.

BACHELIER (*Signé*)

68. — Fleurs, fruits & instruments de musique.

69. — Le Pendant.

70. — Les objets omis.

PARIS. — J. CLAYE, IMPRIMEUR, 7, RUE SAINT-BENOIT. — |701|